HEINZ ERHARDT

ALLES LIEBE!

MIT BILDERN VON GERHARD GLÜCK

LAPPAN

ALLES LIEBE

Manche Dichter gibt es, die be-
nötigen der Sachen vier:
einen guten Reim auf Liebe,
Feder, Tinte und Papier.

DIE SCHLANGE

Die Schlange kriecht – als leide sie
an schlechtem, unreinem Gewissen,
weil Ad und Eve, weil beide sie
durch sie in einen Apfel bissen.

Der Mensch hat dies schon oft bereut,
und über ihn ging mancher Sturm hin …
Und in so manchem Obst ist heut –
und nicht in dem nur – noch der Wurm drin.

DAS HABEN SIE
NUN DAVON!

GÄNSEBLÜMCHEN

Ein Gänseblümchen liebte sehr
ein zweites gegenüber,
drum rief's: »Ich schicke mit 'nem Gruß
dir eine Biene rüber!«

Da rief das andere: »Du weißt,
ich liebe dich nicht minder,
doch mit der Biene, das lass sein,
sonst kriegen wir noch Kinder!«

DER IGEL

Der Igel sprach zur Igelin:
„Du weißt nicht, wie verliebt ich bin!
Ich liebe dich wie nichts so."
Dann drückte er sie fest an sich,
worauf sie schrie: „Auch ich lieb dich,
doch lass das sein, du stichst so!"

DER LENZ
IST DA!

BALTISCHE AUFFORDERUNG

Schatzchen! Komm mit mir auf Wiese,
Sonnchen strahlt und Blume sprießt!
Übern Arm nimm Schirm und Mantel,
falls der Fall kommt, dass es gießt!

Unter uns wird Mantel liegen,
unterm Schirm, da werden wir.
Keiner kann dann nichts was hören,
was ich sag – und was du mir …

SONNTAGNACHMITTAG

WAS WÄR …

Was wär ein Apfel ohne –sine,
was wären Häute ohne Schleim,
was wär die Vita ohne –mine,
was wär'n Gedichte ohne Reim?

Was wär das E ohne die –lipse,
was wär veränder ohne –lich,
was wären Kragen ohne Schlipse,
und was wär ich bloß ohne dich?

SEIT IHRER KINDHEIT
VERBINDET INGBERT UND
FREDDY IHRE GROSSE
LIEBE ZUR SEEFAHRT.

'S KOMMT EIN VOGERL GEFLOGEN

Ein kleiner Spatz kommt angeflattert
und hüpft auf meinen Fuß. Verdattert
entdecke ich in seinem Schnabel
ein Telegramm, und in dem Kabel
telegrafiert Andrea mir:
»Komm bald, ich sehne mich nach dir!«

Spreiz deine Flügel, kleiner Bote,
und flieg zurück zu der Geliebten
und überreich ihr meine Note,
in welcher steht, ich käm am siebten!

BODO GRAF V.
HICKELSTEINS
ANTIQUIERTE
BRAUTWERBUNG
SCHEITERTE
LETZTLICH AN LAURAS
TAUBENALLERGIE!

Will jemand eine Jungfrau frein,
darf er nicht so penibel sein.

ÜBER DIE FRAGE, OB
MEERJUNGFRAUEN WIRKLICH
JUNGFRAUEN SIND, VERGASS
DER FISCHER DIE FRAGE, OB
ES SIE ÜBERHAUPT GIBT.

BAUER HERMANN,
VOM DENKEN
ÜBERSCHATTET

BIN ICH VERLIEBT?

Gestern Nacht war Wetterleuchten,
und wir saßen an dem Strand,
und die Wellen rauschten leise,
und ich drückte ihr die Hand.
Und dann wollt' ich etwas sagen,
und ich sah ihr ins Gesicht,
und da konnt ich es nicht sagen,
nein, ich konnt es nicht!

Bin ich verliebt? Vielleicht auch nicht!
Vielleicht auch doch, kann sein, vielleicht!
Warum vielleicht? Vielleicht bestimmt!
Vielleicht auch nicht, vielleicht?

Jeden Morgen schmeckt mir der Kaffee
ganz besonders fein,
aber heute, weiß der Teufel,
wollt er gar nicht recht herein.
Auch der Duft der Zigarette
ist mir gar nicht angenehm,
und in dem sonst weichen Bette
schlief ich unbequem!

▶

Bin ich verliebt? Wieso verliebt?
Vielleicht auch nicht, vielleicht auch doch!
Kann sein vielleicht, warum vielleicht?
Vielleicht bestimmt!

Sagen Sie mir, meine Herren,
im Vertrauen: Ist das so,
dass, wenn man in wen verliebt ist,
man mehr traurig ist als froh?
Sagen Sie mir, meine Damen,
war es dumm, dass ich nicht sprach,
wo sie doch am Meeresstrande
dicht daneben lag?

Bin ich verliebt? Und wenn, bestimmt!
Warum vielleicht? Es kann doch sein!
Vielleicht auch nicht. Vielleicht auch doch,
vielleicht!

KOMMT
DIE FLUT?

HEIMLICHE LIEBE

Wenn ich 'ne kleine Fliege wär,
dann hätte ich es nicht so schwer:
Ich würd mich – ohn' dich zu verletzen –
auf deine roten Lippen setzen.
Und würdest du – ohn' Überlegung –
durch eine kurze Handbewegung
mich kleines Ding verscheuchen wollen –
ich flöge fort, ohn' dir zu grollen.
Und fragt mich meine Frau, die Süße:
»Wieso hast du so rote Füße?«,
dann würd ich rot auch im Gesicht –
doch dich verraten – – – würd ich nicht …

GEAHNT HATTE ER
ES SCHON LANGE.

Ich denk nicht gern an jenen Kuss,
den du mir gabst, Helene;
denn wenn ich an ihn denken muss,
dann werd ich müd und gähne.

■ ■ ■

Es darf kein Äußerstes geben, zu dem
wir nicht entschlossen wären,
und keine Lauer, auf der wir nicht lägen.

MIRIAM KUNKEL AUF
DER SUCHE NACH
EINEM PRINZEN

HERR P. MACHT
WIEDER MAL
DEUTLICH, WIE
ES UM SEIN
INNERSTES
BESCHAFFEN IST.

EINE VERFAHRENE GESCHICHTE

Ich sah dich in der Straßenbahn,
sah dich von allen Seiten an,
doch du, mein Schatz, du machtest dir nichts draus!
Ich bot dir meinen Sitzplatz an,
weil ich ja auch mal stehen kann,
doch du, du sagtest »danke« und stiegst aus!

> Dies »danke«, oh, gab mir den Rest ...
> Du bist's, die mich nicht schlafen lässt!

Nun fahr ich mit der Straßenbahn,
wann immer ich nur fahren kann,
doch leider, Schätzchen, treffe ich dich nie!
Mich fragte schon die Schaffnerin,
ob ich wohl nicht bei Troste bin,
doch was, ich bitte Sie, versteht denn die?

> Vor Kummer bin ich schon ganz dumm ...
> Vielleicht ist's besser, ich steig um? ▶

Nun fahr ich mit dem Autobus,
wann immer ich nur fahren muss,
doch leider werd ich deiner nicht gewahr!
Bist du am Ende gar erkrankt?
Vielleicht verreist? Bist du in Sankt
Maurice, läufst Ski und abends in die Bar?

Werd ich nicht bald *verrückt* vor Qual,
dann bin ich wirklich nicht *normal!*

UNTERSCHIED

Wir fuhren einst zusammen
tagtäglich mit der »Zehn«,
jetzt fahren wir zusammen,
wenn wir uns wiedersehn!

GEDANKEN AM SAMSTAGABEND

Im Wasser schwimmt der Gummischwamm,
denn heut ist Samstag, und ich bade.
Zwei Zähne fehlen mir am Kamm,
es duftet laut nach Haarpomade. –

Das Wasser tropft ins Abflussrohr,
der Stöpsel scheint nicht gut zu schließen.
Ich habe Seife in dem Ohr
und Hühneraugen an den Füßen. –

Das Wasser ist schon stark getrübt,
nur mühsam wälzen sich die Fluten.
Ich bin seit vorgestern verliebt,
da hilft kein Blasen und kein Tuten. –

Die meisten Ehen
scheitern an Unterhosen
und Lockenwicklern.

■ ■ ■

Frauen sind die Juwelen der Schöpfung.
Man muss sie mit Fassung tragen.

KALLE
BEGERT BEI
SEINEM ANTI-
FLUGANGST-
TRAINING.

DER RÖTLICHE MARS UND DIE VENUS

Früher zogen Mars und Venus
– wann es war, kann man nur ahnen –
eng beinander und in Liebe
ihre vorgeschriebnen Bahnen.

Plötzlich kam ein fremder Körper,
der sich zwischen beide zwängte
und den Mars von seiner Venus
– oder umgekehrt – verdrängte.

Dieser Fremdling war die Erde!
Und sie machte sich noch breiter,
und der Mars entschwand der Venus
immer weiter, immer weiter.

Und die Sehnsucht nach der Freundin
hat den Mars schon fast getötet;
doch – erblickt er sie von ferne,
sehn wir, wie er noch errötet …

EIN OSTERGEDICHT

Wer ahnte, dass zum Weihnachtsfest
Cornelia mich sitzen lässt?

Das war noch nichts: Zu Ostern jetzt
hat sie mich abermals versetzt!

Nun freu ich mich auf Pfingsten –
nicht im Geringsten!

ZU WENIG

Ich kenne keine Beine,
die schöner wär'n als deine,
deshalb bedaure ich es fast,
dass du nur zweie hast …

DAMENWAHL

PYGMALION?

DAS FENSTER

Es traf sich so, dass sie sich trafen.
Er fragte, ob – – –, sie sagte: »Nein,
es geht nicht, meine Eltern schlafen!«
Dann ließ sie ihn zum Fenster rein.

Es zog durchs Fenster … Nun, man schloss es …
Nun zog es nicht mehr … Man genoss es …

Doch als sie sprach: »Geliebter Gangster,
wir sind verlobt, nun bist du mein«,
schlug er von innen erst ihr Fenster
und dann den Weg nach Hause ein.

AN DIE BIENEN

Bienen! Immen! Sumseriche!
Wer sich je mit euch vergliche,
der verdient, dass man ihn töte!
Dass zumindest er erröte!
Denn, wie ihr in Tal und Berg schafft
ohne Zutun der Gewerkschaft,
ohne dass man euch bezahle,
ohne Streik und Lohnspirale,
täglich, stündlich drauf bedacht,
dass ihr für uns Honig macht,
ihr seid 's wert, dass man euch ehre!
Wobei vorzuschlagen wäre –
ob nun alt ihr, ob Novizen –
euch von heute ab zu siezen!

BIENENFORSCHER
DR. HELFRICH WARTET
SEIT STUNDEN AUF
EINE BESTÄUBUNG.

NÄCHSTENLIEBE

Die Nächstenliebe leugnet keiner,
doch ist sie oft nur leerer Wahn,
das merkst am besten du in einer
stark überfüllten Straßenbahn.
Du wirst geschoben und musst schieben,
der Strom der Menge reißt dich mit.
Wie kannst du da den Nächsten lieben,
wenn er dir auf die Füße tritt?!

DER PHILANTROP

Keine Frau ist so schlecht,
dass sie nicht die bessere Hälfte
eines Mannes werden kann.

■ ■ ■

Liebschaften sind wie Pilzgerichte,
ob sie ungefährlich waren,
weiß man erst später.

EIGENTLICH WOLLTE HERR EHMER
NUR SCHERZHAFT DARAN ERINNERN,
DASS ES SEIT GENAU 40 JAHREN
JEDEN MONTAG HÜHNERSUPPE GIBT.

DIE KATZE

Die Katze hat ein gelbes Fell
und sitzt auf meinem Schoße.
Sie mag gern Fisch und eventuell
auch Schmorbraten mit Soße.

Auch fängt sie Mäuse dann und wann
und ab und zu – was seh ich! –
mal einen Vogel, doch nur dann,
wenn er des Flugs nicht fähig.

Oft bleibt sie meiner Kate fern;
dann weilt sie gegenüber.
Sie hat zwar meine Kate gern;
doch ist ihr 'n Kater lieber.

ZWAR GAB ES EINEN
MASSIVEN VERDACHT,
ABER KEINE BEWEISE!

DER LÖWE
(LAT. LEONIDES PRANKMÄHNUS)

Die Freundin vom Löwen heißt Löwenzahn. Der Löwe trägt eine riesige Mähne, während sie nur wenig behaart ist.

Der Löwe ist ein sehr zahlreiches Tier, denn man sieht ihn in jedem Zoo. Dort bewohnt er meist ein prächtiges Appartement, sodass man hier dem typischen Salonlöwen gegenübersteht.

Der Löwe fällt in der Wüste kaum auf, weil er auch gelb ist. Die Ein-, Zwei- oder Dreigeborenen fangen ihn, indem sie ein Schild vor ihre Dörfer stellen, auf dem in arabischer oder schwarzer Sprache steht: Eintritt für Löwen verboten! Nun kann der Löwe aber nicht lesen!

Der Löwe oder auch Leu besitzt einen guten Leumund. Es fällt ihm nicht schwer, ganze Ochsen in ihm wegzutragen.

Der Löwe lebt im schwarzen Erdteil. Er ähnelt sehr unserer Hauskatze. Nur wird er einige Nummern größer als diese, was kein Wunder ist, denn Afrika ist ja auch größer als unser Europa.

»FIPS, WARUM
HAB' ICH KEINE
FREUNDE?« –
»WEIL DU SIE
ALLE AUFGE-
FRESSEN HAST!«

DAS STECKENPFERD

Der eine liebt Konkretes nur,
der andre das Abstrakte,
der Dritte schwärmt für die Natur
und deshalb für das Nackte.
Der Vierte mag nur Fleisch vom Schwein,
der Fünfte Milch und Eier,
der Sechste liebt den Moselwein,
der Siebte Fräulein Meier.
Für jeden gibt es was von Wert,
für das er lebt und streitet,
und jeder hat sein Steckenpferd,
auf dem er immer reitet.

DIE ALTEN WERDEN
IMMER JÜNGER.

FERIEN AUF DEM LANDE

(Ich kam mit meinem Auto an
und Koffern, sechs bis sieben.
Der Motor ging total entzwei,
so musst zuletzt ich schieben.)

Ich wohn in einem Bauernhaus.
Die Milch ist frisch und sahnig.
Die Störchin auf dem Scheunendach,
sie schäkert mit dem Kranich.
Die Kuh macht »muh« – der Ochse auch,
sind schwer zu unterscheiden,
erst wenn man melken will, merkt man
den Unterschied der beiden.
Die Bauersfrau ist jung und schön.
Ich bin bei ihr der Kranich.
Ein Ochse ist ihr Herr Gemahl. –

(Zurück fahr mit der Bahn ich!)

»JA, SO IST 'S GUT! NUR EIN WUNSCH: KÖNNTEN SIE IHREN HÜHNERN SAGEN, SIE MÖCHTEN BITTE IN DIE KAMERA SCHAUEN?«

EIN MYTHO-UNLOGISCHES GESPRÄCH

A. Ich habe bei mir zu Hause ein Aktfoto hängen. Drunter steht „Die Ledige mit dem Schwein". Kennen Sie das?

B. Sie meinen sicher „Die Leda mit dem Schwan"?

A. Ach ja, richtig! Ein Schwan kommt auch drauf vor! Und wer ist diese „Leda"?

B. Leda war die Mutter der „schönen Helena".

A. Wieso „war"? Ist sie tot?

B. Aber natürlich!

A. Erzählen Sie mir doch mal was von der Familie!

B. Also das war so! Eines Tages schiffte sich Menelaus, der Gatte der Helena, nach Kreta ein.

A. Und Helena blieb zu Hause? ▶

LEDA BRENNER MUSSTE FESTSTELLEN,
DASS EIN GUMMISCHWAN
EINEN ÄUSSERST GERINGEN
UNTERHALTUNGSWERT HAT.

B. Ja, in ihrem Schlafgemach. In der Mitte stand ein
   großes Ruhebett und links der Armleuchter.

A. Ich denke, Menelaus war weg?

B. Nein, ein wirklicher Armleuchter stand da. –
   Und plötzlich wurde ihr Páris gemeldet!

A. Ach, der mit dem Apfel?

B. Bravo, woher wissen Sie denn das?

A. Na, Páris war doch der, der auf dem Berge Aida der
   Schönsten mit der Armbrust einen Apfel vom Kopf schoss!

B. Das verwechseln Sie leider mit Wilhelm Tell – aber
   immerhin! Außerdem hieß der Berg Ida! – Na schön!
   Páris beschloss, Helena mit List zu erobern.

A. Ach, Klavier spielen konnte er auch?

B. Das weiß ich nicht! Jedenfalls aber
   nahm er sie mit nach Troja.

A. Ach so ja.

B. Und wissen Sie, wodurch Troja berühmt geworden ist?

A. Durch die Trojabohnen!

B. Nein, durch den Trojanischen Krieg! Die einstmals
   so stolze Stadt wurde völlig zerstört – und heute
   ist die Fläche, auf der sie stand, eben!

A. Eben!

ANGEBLICH
FIEL PARIS DIE
ENTSCHEIDUNG,
WELCHE
GÖTTIN DENN
DIE SCHÖNSTE
SEI, AUSSER-
ORDENTLICH
SCHWER.

SCHÖNE AUSSICHTEN

Ich habe ein Fenster im Zimmer
(das Fenster, das hatt ich schon immer),
doch lohnte es nie, zum Fenster zu gehn,
denn meine Aussicht ist gar nicht so schön:
nur eine Mietskaserne!

Doch wie ich neulich, ganz aus Versehn,
kam in die Nähe vom Fenster zu stehn,
bemerkte ich plötzlich schräg vis-à-vis
ein weibliches Wesen so schön wie noch nie!

Nun guck ich ziemlich gerne …

DIE METZGERSGATTIN
BÜRGT AUCH IM NEUEN
JAHR FÜR QUALITÄT.

POLYGAM

Wenn einer viele Fraun sich nahm,
so nennt man so was „polygam“,
genügt ihm aber eine schon,
nennt man den Zustand „monoton“.

■ ■ ■

Ein Genie ist ein Mann, dem es
wenigstens ein einziges Mal gelingt,
eine Frau davon zu überzeugen,
dass sie Unrecht hat.

MANCHMAL
ERKENNT MAN PAAR-
PROBLEME AUF DEN
ERSTEN BLICK.

BILANZ

Wir hatten manchen Weg zurückgelegt,
wir beide, Hand in Hand.
Wir schufteten und schufen unentwegt
und bauten nie auf Sand.
Wir meisterten sofort, was uns erregt,
mit Herz und mit Verstand.
Wenn man sich das so richtig überlegt,
dann war das allerhand.

DAS GEDICHT

Ich könnte gern noch ein Gedicht
in dieses Büchlein schreiben;
doch weil es mir an Zeit gebricht,
auch küsst mich meine Muse nicht,
drum lass ich's lieber bleiben.

SONNTAGS SPIELT
FRAU EICHWALD STETS
DAS DORNRÖSCHEN,
UND IHR MANN MUSS
SIE WACHKÜSSEN.

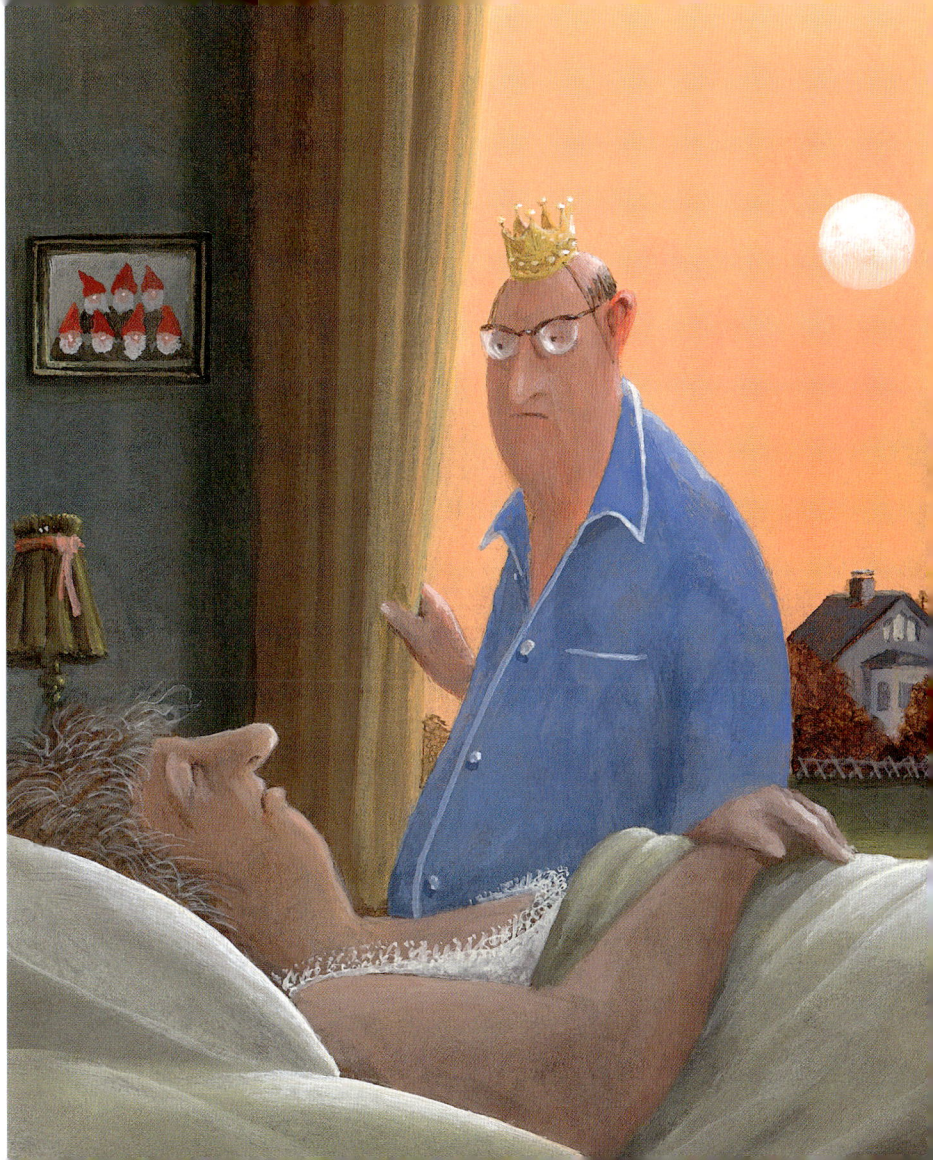

2. Auflage 2025

– Originalausgabe –

ISBN 978-3-8303-3708-9

© 2025 Lappan Verlag in der Carlsen Verlag GmbH,
Völckersstr. 14–20, 22765 Hamburg

Mit Fragen zur Produktsicherheit wenden Sie sich bitte an:
carlsen.de/kontakt

Illustrationen: Gerhard Glück

Lektorat: Monika Swirski | Jessica Link

Herstellung | Gestaltung: Monika Swirski

MIX
Papier | Fördert
gute Waldnutzung
FSC® C002795

FOLLOW US!
facebook.com/lappanverlag
Instagram.com/lappanverlag

LAPPAN.DE
LAPPANKALENDER.DE